AF257254

LE LEVER DU RIDEAU

GRAND CONCLAVE

par

VICTOR GRENIER

Prix : 1 franc 25

Typ. Th. Cazal. (Saint-Denis Réunion)

1877.

SAINT-DENIS 9 JUIN 1877.

DELENDA CARTHAGO !

— o —

Puisque le Conseil général est actuellement en pleine session ordinaire, et que nos honorables sont en train d'élaborer le budget de la colonie pour faire le plus juste emploi des deniers du contribuable, c'est évidemment le moment d'appeler l'attention de nos mandataires sur le marché de typographie et de réglure consenti de gré à gré au profit de l'éditeur du journal le Moniteur.

Nous répétons donc qu'il faut annuler ce marché consenti illégalement de gré à gré, quand aux termes de la loi et des réglements sur la matière, il aurait dû être l'objet d'une adjudication publique avec concurrence sérieuse.

La commission du budget du conseil général avait déclaré en 1871 qu'il fallait mettre immédiatement en adjudication ce marché de typographie et de réglure pour les travaux du gouvernement ; mais par un retour inouï de circonstances, que tout le monde à pu apprécier, la question à été littéralement escamotée dans la session suivante de 1872.

Aujourd'hui le Conseil général, n'obéissant plus aux mêmes influences, à le droit et le devoir de remettre la question sur le tapis.

Que si la nouvelle majorité ne juge pas con-

venable d'annuler cet étonnant marché pour cause d'illégalité, elle devrait au moins, comme nous
l'avons dit précédemment, en prononcer la resilia-
tion pour cause de lésion énorme au detriment du
trésor public. Ce droit est incontestable.

Dans plusieurs de nos précédentes publications,
en parlant de l'impression des cartes d'electeurs
en 1871, d'une part, et ensuite en éxaminant
au hasard un des numéros du Journal Officiel,
nous avons fait voir combien le marché consenti au profit de M. Gabriel Lahuppe est oné-
reux pour la Colonie. Nous avons montré que
le 2 mai 1877, l'imprimeur du Moniteur avait
vendu aux pauvres contribuables de la Colonie
125 fr. ce qui lui coutait au plus 6 fr. 50. C'est ex-
orbitant. Aujourd'hui nous examinerons plus au
fond ce qui concerne le marché relatif au Journal
Officiel :

Il y a deux marchés d'impression :
1o le marché d'impression et de réglure pro-
prement dit ;
2o Et le marché pour l'impression du « Journal Officiel » et du « Bulletin officiel ; » le premier paye 12,000 par an, et le second 6.000 sous
la déduction du 12 o[o de rabais imposée et con-
sentie.

Pourquoi ces deux ou trois marchés, puisque le marché d'impression et de reglure pouvait suf-fire avantageusement ?

En voici la preuve :

Le « Journal Officiel » de 1876 se compose de deux cent cinq demi feuilles ou quatre cent dix pages plus ou moins remplies, net — 410 p.

Sur lesquelles à déduire qua-rante deux pages entièrement blan-ches   42

                  Reste   368 p.

imprimées, soit quatre vingt douze numéros pleins de quatre pages l'un.

Or, suivant l'ancien marché d'impression et de réglure, le numéro plein de quatre pages vaudrait, le cent ;

Sur carré (véritable format) les quatre pages au recto et verso imprimés   58

Plus surcharge de 20 o/o au ma-ximum pour composition pleine.   11.60

Total du numéro de quatre pages   69.60
A déduire 12 o/o d'après nouveau marché   8.32

    Reste prix net   61.28

Lequel prix du numéro multiplié par les qua-tre vingt douze numéros de 1876 donne pour to-tal la somme de 5.635 fr.

Par suite du marché spécial passé pour l'impression du « Journal Officiel » l'administration payant, avec le bénéfice de la réduction du 12 o[o] 10,560

Et les prix du marché ne donnant que 5,635

La colonie a donc payé en trop en 1876 4,925

C'est à dire à peu près « cinq mille francs. »

Restent en outre, à l'imprimeur pour bénéfices très extraordinaires, pour ne pas dire plus :

1o La différence de prix entre le papier d'enveloppe « non glacé, » qui est employé pour le « Journal Officiel, » et le papier dit administratif qu'il doit fournir par son marché d'impression ;

2o Le prix des insertions pour les communes la Banque, etc, etc. ;

3o Le bénéfice de nombreuses colonnes blanches .

4o Les doubles emplois de compositions assez fréquents avec les nombreuses répétitions d'annonces ;

5o La plus value du double et quelquefois du triple emploi dans les ouvrages suivants :

1 Le double emploi de tous les actes officiels dans le « Bulletin officiel ;

2 Le triple emploi des rapports du conseil général ;

3 Le double emploi de la composition entière des procès verbaux du Conseil général.

6o Enfin le bénéfice de l'abonnement à 32 fr., l'an du « Journal officiel. » — ou bien l'énorme avantage de pouvoir soutenir le « Moniteur, AU DÉTRIMENT DE SES CONFRÈRES avec la prime du Journal officiel, qui ne coute absolument rien.

Quant au « Bulletin officiel » ont la vente supplémentaire est aussi laissée pour bénéfice à l'imprimeur, son impression serait largement rétribuée avec quinze cents francs, au lieu de six mille.

— —

Il est à noter que le premier marché du «Journal Officiel a été passé à six mille francs, fin 1866, et remis à douze mille francs en 1869, douze mille francs nets alors, la réduction de 12 o|o n'étant arrivée qu'en 1872, sauf erreur.

Pourquoi cette augmentation, alors que l'administration avait eu des offres de 4 et de 6,000?

De tout ce que nous venons de dire, il résulte que le Conseil général ne doit pas hésiter à faire mettre en adjudication publique, avec concurrence sérieuse, les marchés d'imprimerie et de reglure pour les travaux nécessaires aux différents services de la Colonie.

Delenda Carthago.

LE LEVER DU RIDEAU

AU GRAND CONCLAVE.

Le 29 mai dernier a été un jour d'émotion pour les habitants de la bonne ville de Saint-Denis. C'est à cette date que nos honorables du Conseil général élu étaient convoqués par un arrêté de M. le Gouverneur, à se réunir au lieu ordinaire de leurs séances, pour procéder à l'ouverture de la session ordinaire de la présente année.

Le lieu ordinaire de leurs séances, est une expression pleine de prudence, qu'il est bon de noter en passant ; le gouverneur n'a pas jugé à propos d'appeler palais législatif cette espèce de caisse à fromage oblongue, où l'on entasse ordinairement, par douzaines, les croutes-rouges qui nous arrivent de Marseille, ou autres lieux.

Nous protestons ici contre toute maligne interprétation de ces paroles. Nous ne voulons pas dire que nos deux douzaines de conseillers généraux doivent tous être rangés dans la catégorie des croutes rouges : il y a, au contraire, parmi les membres de la première assemblée de notre pays beaucoup de conseillers qui sont doués de sens et de raison, et qui savent parfaitement distinguer leur droite et leur gauche :

« Il en est jusqu'à trois que je pourrais citer. »

Le conseil était convoqué pour deux heures. Avant midi la rue Rontaunay, où se trouve construite notre boîte législative, offrait un aspect inaccoutumé. On entendait battre le rappel pour rassembler cette belle compagnie d'artillerie de la milice de Saint-Denis, sur laquelle nous comptons, avec tant de raison, dans le cas où les Allemands se permettraient d'attaquer la colonie avec leurs canons Krupp à longue portée. Nous n'avons pas de canons à longue portée, mais notre valeureux commandant des milices, M. Gabriel Lahuppe, cumulant ces fonctions guerrières avec le titre de conseiller général, et les qualités d'imprimeur typographe, éditeur responsable du Moniteur, et fournisseur du gouvernement, se propose, dit-on, de faire une commande en France de canons monstres qui, placés sur les hauteurs du Brûlé ou du cap Bernard, protégeraient efficacement la colonie contre l'invasion étrangère. En attendant, nous nous servons des petites pièces de campagne qui datent du temps de Labourdonnais, et partent très bien, quand elles partent.

Dernièrement, à l'époque de la tournée officiel du Gouverneur dans la colonie, ces malheureuses petites pièces ont fait un triste fiasco à Saint-Paul, sur la place de l'Eglise. Au moment du « Te Deum » le programme indiquait un salut d'une certaine quantité de coups de canon ; mais hélas ! les canons ne voulurent pas partir. Le brave capitaine avait beau crier ;

Cadaos, canonniers, haut le bras : feu, — fais péter, enfant de chien ; rien n'y fit ; les pièces restèrent muettes. Nous signalons ce fait regrettable à la sollicitude des nouveaux conseillers généraux qui représentent la commune de Saint-Paul ; ils comprendront qu'un pareil scandale ne doit plus se reproduire dans une localité qui a eu l'honneur, l'intelligence et le bon gout d'envoyer au conseil général cette grappe d'intransigeants de la plus belle eau, avec lesquels nous ferons bientôt connaissance.

Voici les gendarmes : ils sont au nombre de huit ou dix, galopant sur de gros chevaux Normands ou Bretons, et tenant à la main droite un petit pistolet, à la hauteur de l'oreille. La foule émerveillée se demande ce que peut signifier cet appareil guerrier. — C'est le cérémonial. Il ne faut pas s'effrayer, ces pistolets ne sont pas chargés. Les bons gendarmes viennent escorter le Gouverneur, et personne ne pense à attenter aux jours du chef sympathique de notre colonie.

Il est deux heures, la brillante compagnie d'artillerie des milices de Saint-Denis est rangée des deux cotés de l'allée qui mène à la salle du conseil. Nos honorables arrivent gravement les uns après les autres, dans un costume sévère : habit noir, cravatte blanche et gants blancs. Voici le groupe remarquable des élus de Saint-Pau :

Le maire Puingonin en tête, puis son ami Gilles Grosse Pause, puis le brave et maigre Bebert, puis enfin, le bouquet, le Maître d'École Ce dernier semble assez contrarié d'être obligé de porter un habit noir et des gants, il aimerait peut-être mieux une réunion franchement républicaine avec le costume faubourien. Aussi a-t-il passé son habit de mauvaise humeur. Le dernier bouton de droite s'attache à la première boutonnière de gauche: cela donne à notre honorable représentant Saint-Paulois un air bourru et une tournure terriblement inclinée, comme celle du duc de Gloocester dans les Enfants d'Edouard.

Entrons dans la salle ; mais avant de pénétrer dans cette enceinte où nous sommes destinés à entendre de si belles choses, constatons l'arrivée de Monseigneur Soulé, notre nouvel évêque de St-Denis· il ne faut pas moins pour détourner l'attention du public qui se portait sur le groupe intéressant des représentants St-Paulois.

Tout-à-coup, on entend le bruit d'une voiture qui s'arrête au bout de l'allée, les tambours battent au champ, et monseigneur Soulé se présente accompagné de ses vicaires généraux Le nouvel Évêque de St-Denis, est de taille moyenne, plutôt petit que grand, d'une figure expressive et douce : la démarche est noble et simple en même temps. Jamais évêque n'a fait plus rapidement que lui la conquête de tous les cœurs de son diocèse. C'est que Dieu lui a donné avec la bonté et la bienveillance, le talent et le mérite le plus incontestable. Il a prouvé tout cela au premier mot qu'il a dit dans la chaire de la cathédrale de Saint Denis, le jour de son arrivée parmi nous: il n'en faut pas plus, et sa réputation est déjà faite dans tous les quartiers de l'île où sa tournée pastorale est attendue avec la plus légitime impatience. Si le cadre de ce modeste opuscule nous le permettrait, nous souhaiterions à notre tour la bienvenue à notre évêque bien aimé, nous nous abstenons aujourd'hui, espérant qu'il nous sera permis plus tard de parler plus convenablement du chef de notre diocèse, dans une œuvre plus grave et plus sérieuse.

Le Président agite sa sonnette. Entrons pendant que Monseigneur Soulé attend l'arrivée du Gouverneur sous la tente dressée pour recevoir le public. Cette première séance de la présente session du Conseil Général offre un attrait tout-a-fait particulier, pour différentes causes que nous devons faire connaître.

Premièrement, c'est la première fois qu'on applique dans la Colonie la loi sur la publicité des séances : M. le Maire Pingouin, ex-vice président du conseil, n'aura plus le droit de faire expulser des publicistes qui ne le prennent pas au sérieux, et trouvent qu'il n'est pas un grand homme,

Secondement la session sera chaude et probablement très-comique. On aura à discuter le budget avec le citoyen Croquemitaine qui demande depuis longtemps à démolir notre système financier — On aura à discuter le projet de constitutioncoloniale avec le citoyen « Maître-d'Ecole », montagnard et Conventionnel qui demande, dit-on, à supprimer le Directeur de l'Intérieur, pour faire administrer la Colonie par une commission de trois membres, choisis probablement dans la délégation St-Pauloise. La foule s'apprête à rire et crie déjà en gouaillant : « ous qu'il est le pétrole » ?

Troisièmement la curiosité du public est encore surexcitée par l'arrivée des nouveaux membres qui viennent d'être nommés dernièrement pour le renouvellement de la moitié du conseil — on veut voir ces nouvelles figures.

C'est d'abord M. Bourgine, maire de Saint-Joseph : Jeune homme pâle et blond: tempérament symphatique, figure douce et intelligente, Tout dénote dans ses allures les habitudes d'un homme bien élevé. Il remplace au conseil le citoyen Théodore de Tourris, écrivain nébuleux, orateur acariâtre que son curé avait autrefois appelé le Garibaldien de Ste-Radegonde : Le conseil ne perdra pas au change.

Après M. Bourgine, nous voyons M. Dussac, le type de l'homme comme il faut. Allié à la plus grande famille du pays, quisqu'il a épousé une nièce de M. de Villèle, le grand Ministre de la restauration, M. Dussac est un riche propriétaire de St-Leu, instruit, savant même, docteur en médecine, traitant ses malades par dévouement ou par charité, non pour de l'argent. Avec cela, c'est surtout un homme d'esprit, d'une rare modestie, ce qui ne gate rien à la chose, Il remplace le sieur Desvallons Enger, d'interlope mémoire. Encore ici le conseil ne perd pas au change.

Les autres nouveaux élus sont : Pour St-Denis M. Camille Jacob de Cordemoy ; Pour St-André M. Albert de Laserve, pour St-Louis M. Trollé et pour St-Paul MM. Lougnon et Philibert Troussail. Les autres conseillers sont de vielles connaissances dont nous n'avons pas à parler pour le moment.

M. Camille Jacob remplace l'honorable et sympathique docteur Azéma appelé à faire partie du Conseil Privé. Il le remplace bien: On ne se figure pas ce qu'il y a de force et d'énergie dans ce petit corps qui parait faible et débile. Quand M. Camille Jacob est debout à côté de son confrère M. Adrien Bellier, on croit voir un Lilliputien discutant en face d'un Patagon. L'avantage n'est pas toujours en faveur du plus grand. Le petit Jacob est une de ces rares natures qui font croire que l'homme peut-être universel. Celui qui a fait le proverbe : » dans les petits pots les bons onguents » a sans doute pensé à lui. C'est un magasin ambulant ; il sait tout, il voit tout, il est partout. Il est à la société des sciences et arts, il est à la Chambre d'Agriculture, membre actif et très-produenf ; il est au conseil général, et en sa qualité d'ingénieur de la commune, il est incessamment par voies et par chemins, pour réparer les voies et les chemins. Il est fort sur les chiffres, sur la politique, sur l'économie politique, sur l'agriculture, les arts, les sciences ; sur quoi n'est-il pas fort ? C'est une excellente acquisition pour le conseil général. S'il parvient a faire construire le port à St Denis, il méritera une statue, cela ne serait pas très cher, à cause de la petite quantité de matière qu'il faudra employer. Je m'arrête, on dirait que je suis un compère chargé de faire mousser le nouvel élu de St-Denis ; laissons au public le soin de le juger quand on l'aura vu à l'œuvre.

Dans la délégation de St-André M. Albert de Laserve remplace M. Pascal Crémazy: c'est déjà un point dont on doit se féliciter grandement. Mais ensuite, M. Albert de Laserve est frère de son frère, et de plus fils de son père : ce sont ses titres les plus incontestables à la popularité. Il ne faut pas oublier cependant qu'il est littérateur à ses heures, et que « lorsqu'il pleut » il soutient

des polémiques fort intéressantes et fort spiri-
tuelles, du reste bon cœur, excellent garçon, mais
en fait de science économique ou politique, igno-
rant comme une carpe, ce qui ne l'empêche pas
d'être un homme d'esprit.

Que dirons nous maintenant du canton St-
Louis ? — Tout en gardant pour représentant
M. Fortuné Naturel, il a renoncé aux services du
docteur anthroponomique Herland, lequel a été
remplacé par M. Trollé. Ce dernier est plus connu que le loup blanc: nous n'avons pas besoin de
le présenter à nos lecteurs. Nous avons dit dans
une précédente publication que le Rédacteur en
chef du Travail serait une bonne acquisition pour
notre Conseil général ; ses fortes études écono-
miques, l'incontestable supériorité de son esprit, le mettent en position de discuter fort utile-
ment les affaires publiques. Sans doute nous au-
rons bien à subir l'avalanche de quelques propositions extraordinaires, le citoyen Croquemitaine
a son Dada ; mais il n'y a pas grand danger à cela,
le Conseil passera purement et simplement à l'ordre du jour sur ces propositions extraordinaires,
et ce n'est par conséquent pas une raison pour se
priver des lumières d'un homme qui a vieilli dans
une longue méditation de toutes les questions
coloniales.

Un mot maintenant sur les nouveaux élus de

St-Paul. Le public sera appelé à faire connaissance avec ce brave et excellent Philibert Troussail, qui doit être bien étonné de voir que M. Milhet ait pu trouver un homme politique dans sa peau. Le pauvre Bébert, sauf meilleur avis, aurait bien mieux fait de rester à Mon Repos, pour étudier les moyens de faire produire sa terre ingrate ; cela lui aurait été beaucoup plus profitable que de chercher à jouer le rôle insignifiant de satellite du maire Pingouin.

M. Lougnon, dit le maître d'École (sans allusion aux Mystères de Paris) est un autre cadeau que nous a fait M. Milhet. Ce dernier pourra se repentir de cette libéralité. Déjà, il circule un bruit que le Créateur pourra parfaitement bien être absorbé par la créature. Pour le comprendre, il suffit de se faire une idée exacte de la loi des forces naturelles : si vous mettez un bouchon de liége dans une cruche d'eau, le bouchon montera nécessairement au dessus du liquide. C'est ce qui se passera quand le citoyen Lougnon qui a une certaine valeur, se trouvera en contact de M. Milhet, qui n'en a aucune. Dans cette conjonction politique, il est facile de voir que le citoyen Lougnon est le bouchon de liége, l'autre la cruche.

Voila le père Rigole qui occupe le fauteuil de la présidence en qualité de doyen d'âge, il agite brusquement sa connette avec une ardeur toute juvénile. — Tous les conseillers généraux sont à leur poste, à l'exception de l'Éminent citoyen Taratantara, lequel, sous prétexte d'ambassade extraordinaire pour défendre la question du port et du chemin de fer Pallu de la Barrière, est actuellement à Paris, en train de dépenser les dix mille francs que M. Milbet lui a fait donner par la commune de Saint-Paul. Encore une bonne opération financière que cette bonne commune doit à la brillante initiative de son illustre maire. Pour peu que cela dure encore quelques années, les contribuables de Saint-Paul sauront ce que leur aura coûté l'insigne honneur d'avoir eu pour administrateur le célèbre Pingouin de Fontrabiouse !

Tout en batifolant, et en plaçant par-ci par là le petit mot pour rire, le père Rigole procède au tirage au sort des deux conseillers généraux qui doivent avec le bureau provisoire, composer la commission d'honneur chargée d'aller chercher le chef de la Colonie à l'hôtel du gouvernement. En deux tours de main la chose est faite.

La députation officielle trouve à la porte des voitures de remise commandées aux frais des bons contribuables Les voilá partis, et au bout d'un quart d'heure le Gouverneur, avec sa suite, fait son entrée dans la salle du Conseil, et prend place au fauteuil de la Présidence. A sa droite se placent : Monseigneur l'Evêque de Saint-Denis, puis le Directeur de l'intérieur ; à gauche sont M. l'Ordonnateur, puis le Procureur général. Les chefs des différents services de la Colonie, et les officiers de tous grades qui font parti du cortége officiel se placent dans la salle comme ils peuvent, et trouvent très peu de chaises pour s'asseoir, quant au bon public, il est forcé de se tenir debout et de rester en grande partie dehors, en regardant par les portes et par les fenêtres.

Le Gouverneur après avoir invité l'assistance à s'asseoir, adresse aux élus du pays un discours dont nous ne reproduisons pas ici exactement les termes, mais que nous cherchons à faire connaître au lecteur dans ses parties les plus essentielles.

Voici à peu près, la substance de ce discours :

« Messieurs les Conseillers Généraux,

« Le temps est beau pour la saison. Les cyclones, ainsi que l'avait prédit M. Delteil, nous ont épargné, cette année, leurs visites. Nous avons eu beaucoup de pluies et les sucres sont en bonne position sur le marché de la métropole, Tout va bien, je me réjouis avec vous de cet état de choses qui succède heureusement à une année de véritable guigne.

« Vous aurez à vous occuper du budget de 1878. Vous le savez, l'année dernière, nos finances filaient un bien vilain coton : nous avions un déficit de quatre cent cinquante mille francs dans nos prévisions de recettes, et les fonds de notre caisse de réserve avaient complètement coulé, comme l'eau d'un tonneau défoncé. Aujourd'hui, grâce à la sagesse de l'administration, la position s'est considérablement améliorée. Le Directeur de l'Intérieur nous présente un budget qui, après avoir fait face à tous nos besoins ordinaires et extraordinaires, se solde par un excédent de recettes de plus de quatorze mille francs, et la caisse de réserve contiendra plus de huit cent mille francs à la fin du mois prochain.

« Messieurs les conseillers généraux, n'allez pas nous gâter cette position qui est très-satisfaisante. J'ai vu en arrivant ici quelques mauvaises figures qui me font faire de tristes réflexions à propos de nos finances. On parle de changer l'assiette de l'impôt et de tenter des innovations qui pourraient couter fort cher à la Colonie. Gardez-nous bien de nous lancer dans cette voie dangereuse. Ecoutez les sages conseils du Directeur de l'Intérieur, il est beaucoup plus malin que vous dans toutes ces matières, et vous devez bien penser que pour mon compte, je n'ai pas blanchi sous le harnais administratif, pour ne pas savoir présider à la tambouille d'un petit ménage comme celui de votre colonie. Je vous le répète, ceci est sérieux, suivez les conseils de l'administration pour tout ce qui concerne nos questions de finances, ne vous laissez pas entraîner par les conseils de quelques utopistes qui ont fini par perdre la raison à force de vouloir raisonner. Si vous les écoutez vous ne serez que de la bouillie pour les chats.

« Vous parlerai-je maintenant de cette double blague du Port et du chemin de fer de M. Pallu de la Barrière ? Vous savez aussi bien que moi où en est actuellement la question. La chambre des Députés a parfaitement avalé le canard, il reste à le faire accepter par le Sénat: Il parait que les Pères conscrits étaient assez disposés à ratifier le vote de la chambre basse ; mais on a perdu beaucoup de temps, le Parlement a d'autres chats à fouetter, et voilà que les polémiques locales et les réclamations de Saint-Pierre et de S. Denis sont arrivées à Versailles. Tout cela embrouille considérablement la question. Sans compter que d'aucuns disent que M. Drouhet, en se dérangeant pour aller s'occuper de cette affai-

re en France a porté malheur au projet Pallu. Ce
serait bien possible. Ce monsieur Pallu de la
Barrière est, dit on, un habile faiseur, et un grand
lanceur d'affaires, mais il faut avouer qu'il n'a
pas fait preuve de perspicacité en mettant son
projet, à Bourbon, sous le patronnage de ces fortes têtes qu'on nomme Drouhet, Jean Milhet et
Gilles Crestien. Le patronnage Jean-Gilles me
parait surtout très-cocasse.

« J'arrive maintenant à ce que vous croyez
sans doute être le point le plus important de vos
travaux : Je veux parler du projet de constitution
coloniale qui va être soumis à votre appréciation
Ne croyez pas pour cela que votre conseil général soit transformé en assemblée consituante.
Non ! ne vous faites pas un si gros jabot : ce n'est
qu'un simple avis qu'on vous demande, et à cet
avis que vous êtes appelé à donner, je dois join-
dre le mien qui a bien aussi sa valeur. C'est assez vous dire que vous ne devez pas vous lancer
dans des excentricités dont on a déjà dit quelques
mots en ville. Il faut donc être sérieux dans tout
cela. et ne pas faire de propositions saugrenues
que je ne pourrais pas appuyer auprès du département. Néanmoins, que les badauds de l'endroit
écoutent bien ceci : Si j'ai accepté en honnête
homme, du Président de la République les fonctions dont il m'a honoré, j'entends servir fidèle-
ment le gouvernement légal de mon pays. (vifs ap-
plaudissements). Ceux qui prétendent le contraire sont des imbéciles à qui je pardonne de grand

cœur, parce qu'ils ne savent par ce qu'ils disent.

« Cependant, Messieurs les conseillers généraux, je dois vous faire observer que le ministère qui m'a demandé ces études sur un projet de réforme de notre constitution coloniale, se trouve probablement aujourd'hui dans le quatrième dessous : le ministre qui voulait transporter au delà des mers ses aspirations républicaines ultra-échevelées, a fait place à un autre qui ne pense probablement pas de la même manière, et c'est ce dernier qui recevra vos observations et vos élucubrations politiques; soyez donc prudents et ne me forcez pas à expédier en France des papiers qui seraient immédiatement mis au panier.

« Messieurs les conseillers généraux, je compte sur votre loyal concours pour la sage administration des affaires du pays. Vous trouverez en moi toute la bienveillance désirable ; et pour faire avec vous plus amplement connaissance, je vous invite tous à diner pour demain au soir.

« Veuillez répéter avec moi ce cri correct et constitutionnel :

Vive le Président de la République. »

Ce cri proféré par M le Gouverneur a rencontré fort peu d'échos dans la salle. Il paraît que notre nouveau Conseil général n'est pas très exclamatif. Cependant on entendit trois ou quatre voix (quatre au plus) répondre au cri du Gouverneur par celui de: Vive la République. »

Si ces trois ou quatre voix y ont mis de l'intention, répondre vive la République quand le gouverneur a dit : Vive le Président de la République, cela ressemble à une inconvenance qui mérite d'être relevée. Vive le Président de la République est évidemment beaucoup plus correct et beaucoup plus légal que vive la République , puisque d'après la constitution qui nous régit la forme du gouvernement peut-être parfaitement changée même avant 1880. Qui nous dit même que dans le moment actuel. la République n'est pas en train de boire de l'huile ?

Après avoir prononcé son discours d'ouverture, le gouverneur quitta le Conseil avec le même cérémonial qui avait précédé à son arrivée. Un quart d'heure après, le Père Rigolo reprenait le fauteuil de la Présidence.

On procéda d'abord à la formation du nouveau bureau. Malgré les efforts des Saint-Paulois et de quelques fanatiques de l'ancienne majorité Drouhétique, il fut procédé à un héroïque

coup de balai. Le maire Pingouin et son ami Gilles restèrent présentement sur le carreau. Tout
avait été convenu dès le matin dans une réunion
préparatoire. La chose se fit en un tour de main.
M: Charles Dureau de Vaulconte fut d'abord élu
président à la majorité voulue par la loi. M. Albert
de Laserve fut ensuite appelé à la vice-présidence
Enfin on passe à la nomination des secrétaires : M.
Bourgine fut élu au premier tour de scrutin. Il y
eut tiraillement pour la nomination du second secrétaire. MM. Jacob et Revercé obtinrent chacun
onze voix. — Scrutin de ballotage qui donne encore le même résultat : onze contre onze. —
Le Père Rigolo déclare que M. Revercé est nommé secrétaire aux termes de la loi, puisqu'il est
plus âgé que M. Jacob. — Eh bien; non, dit M.
Revercé, je n'en veux pas dans ces conditions-là
et je prie le conseil d'accepter ma démission. —
Le conseil accepte la démission de M. Revercé, et
déclare qu'il va procéder de nouveau à la nomination du second secrétaire — Bon ! voilà aussi M. Jacob qui démissionne , ou plutôt qui
prie ses amis de ne pas voter pour lui. Nous ne
sortirons jamais de cet embarras. Tout cela vient
du groupe St-Paulois qui, paraît-il, n'aurait pas
tenu aux engagements pris le matin.

Le Maître d'École demande au Conseil une suspension d'audience, pour permettre aux conseillers d'aller un moment dans les quatre coins de
la salle, afin de tripoter un brin, et de s'entendre
sur la difficulté soulevée à propos de la nomination du secrétaire. Le Président Rigolo accorde

la suspension avec d'autant plus de plaisir, Qu'a-t-il que cela lui procurera l'avantage de présider un peu plus long-temps la première assemblée du pays.

Bon! Voilà la séance suspendue. Nos honorables se mettent à faire les cent pas sous la véranque. Les uns allument un cigare, les autres se mettent à faire des farces pour faire passer le temps. On attache une queue de papier aux basques de l'habit du père Rigolo, pendant que celui-ci se promène gravement avec son ami Croquemitaine. Voilà le nouveau vice-président qui les rejoint, et entame avec eux une conversation sur la politique transcendante, et soutient qu'en temps de république il ne faut pas parler de division : il ne veut même pas de la division des pouvoirs ; dans la république aimable tous les citoyens doivent être unis comme des frères, il est bien entendu que cela n'empêche pas de donner des coups de nerf de bœufs aux travailleurs qui carottent en faisant les trous de canne. Ces principes nouveaux font tomber les grands bras de Croquemitaine.

Des groupes se forment de distance en distance

ca, où l'on parle de la pluie et du beau temps, et
de la déconfiture des Droubétistes qui restent aba-
sourdis avec un pied de nez.

Dans un coin de la varangue, l'infortuné Pingouin, pâle et défait s'appuie tristement sur son
ami Gilles Grosse Panse, et lui confie sa douleur
avec un accent qui arracherait des larmes aux ro-
chers du cap Bernard ; le pauvre Gilles répond
sur un ton encore plus pitoyable, « Et ces deux
grands débris se consolaient entre eux. »

Soudain on voit s'avancer vers ce groupe la-
mentable de St-Paulois déconfits, le Poète de la
troupe, jeune Malherbe aux blonds cheveux, qui
adresse à son triste ami ces stances destinées à
jeter un baume sur sa douleur.

Ta douleur, O Pingouin, sera donc éternelle
    Et les tristes discours,
Que met en ton esprit ta chute solennelle
    L'augmenteront toujours.

Ta vice-Présidence à jamais confondue
    D... ... étreintement,
Est-ce quelq... dédale où ta raison perdue
    Déloge absolument ?

Mais elle était, mon cher, bizarrement éclose
    Au souffle d'un crétin,
Et devait vivre alors tout autant que la rose
    L'espace d'un matin.

Le vote a des rigueurs à nulle autre pareilles
    On a beau le prier,
Le Polisson qu'il est, se bouche les oreilles
    Et nous laisse crier.

Notre majorité, réduite en marmelade,
    Est sujette à ses lois.
Et te voilà glissant dans ta dégringolade,
    Malgré tes St-Paulois.

Retourne à ton étang, magnifique et rare homme
    Fuyant les traquenards,
Et César expulsé du second rang dans Rome,
    Sois le roi des canards !

En achevant ces mots, le beau et noble jeune homme, amant des muses, et propriétaire de la » Révolution », se précipite au cou de son ami Pingouin, qui le reçoit dans ses bras et le presse sur son cœur. Ce touchant embrassement durerait encore si le père Rigolo, reprenant le fauteuil de la présidence, n'avait agité sa sonnette pour inviter les conseillers généraux à revenir à leurs places pour reprendre le cours de leurs travaux.

La séance est reprise. On procède de nouveau à l'élection du second secrétaire. Cette fois M. Camille Jacob obtient la majorité voulue par la loi et les réglements. Le père Rigolo proclame le résultat du scrutin, et s'adresse à M. Jacob.

Le Père Rigolo ;

Le conseil vous appelle définitivement aux fonctions de secrétaire pour la présente session ; mais
vous venez de dire que vous n'en vouliez pas.

M. C. Jacob,

Pardon, M. le Président, permettez ! — Je
n'en voulais pas; c'est-à-dire que j'en veux.

Le Père Rigolo.

Alors vous acceptez ?

M. C. Jacob,

Parfaitement. Avec plaisir.

Le Père Rigolo.

Alors c'était une frime ?

M. C. Jacob

Pardon, M. le Président, c'était un sacrifice à
la conciliation. Les St-Poulois, après avoir pro-
mis, voulaient faire les malins, vous compre-
nez ?

Le Père Rigolo.

Je ne comprends pas du tout ; mais c'est égal
Ma tache étant actuellement terminée, je vais re
prendre ma place ordinaire, et j'invite l'honora
ble M. Charles Dureau de Vaulcomte à occuper l
fauteuil où il vient d'être appelé par la confianc
du Conseil.

M. Charles Dureau de Vaulcomte est un homme de quarante à quarante-cinq ans. Il a le fron
haut, les traits accentués, le geste ferme. Tou
dénote chez lui l'énergie du caractère. — Nou
nous demandons pourquoi le Rédacteur du Mo
niteur a l'air d'insinuer que M. Dureau est tro
jeune pour remplir les fonctions de Président du
Conseil général ? — C'est probablement pou
avoir l'occasion de faire preuve de connaissance
littéraires en rééditant ces vers du vieux Pierr
Corneille qui servent d'excuses aux petits collé
giens quand ont les prend à jouer dans la cou
des grands.

Je suis jeune il est vrai, mais aux âmes bien nées
La valeur n'attend pas le nombre des années.

Le nouveau Président, en prenant possession du
fauteuil, prononce, debout, un discours où il re-
mercie, en fort bons termes, ses collègues de l'a-
voir honoré de leurs suffrages, et il donne en même temps la signification de son élection : Le
Conseil comprend désormais que les fonctions de
Président et de vice-Président ne doivent plus

être indéfiniment accaparées par des individuali-
tés plus ou moins remuantes et ambitieuses, à
qui il ne faut pas accorder l'importance exagérée
qu'elles s'attribuent. Le nouveau Présinent ter-
mine ensuite son allocution par le cri de vive la
République.

On procède immédiatement à la nomination
des commissions chargées de préparer les travaux
du conseil. En voici la composition :

Commission du Budget :

MM. Frappier, Dussac, Naturel, Revercé,
Kvégnon, Milhet, Dureau.

Commission de la Constitution coloniale:

MM. E. Bellier, Bourgine, Dureau, Jacob,
Albert de La Serve, Lougnon, Loupy, Thomas, Naturel.

Après la nomination des commissions, le Président propose au conseil de renvoyer la séance au
lendemain pour procéder au dépouillement du
dossier de la correspondance. Après ce dépouillement le Conseil sera prorogé jusqu'au jour où les
commissions auront terminé leurs travaux.

La séance est levée à 6 heures et renvoyée au
lendemain à 2 heures. Nous rendrons compte de
cette seconde séance remarquable au point de vue
des propositions qui se sont produites, et qui ont
été mises à l'ordre du jour du Conseil, ce qui nous
promet des séances bien divertissantes.

V. G.

LA SUITE

DU LEVER DU RIDEA

ou

GRAND CONCLAVE

(2me Séance.)

———

par

VICTOR GRENIER

Prix : 1 franc 25

Typ. Th. Cazal. (Saint-Denis Réunion)

1877

DELENDA CARTHAGO

Après ce que nous avons dit, dans nos précédentes brochures, au sujet du marché de gré à gré consenti, au profit de l'Editeur du Moniteur, pour les travaux de typographie et de reliure nécessaires aux différents services de la Colonie, nous devons penser que l'opinion publique est désormais faite sur cette question.

Tout le monde comprend, en effet, que ce marché doit être annulé pour cause d'illégalité, puisqu'il a été consenti de gré à gré au profit de M. Gabriel Lafitte, quand la loi et les règlements en cette matière exigeaient impérieusement qu'il fût l'objet d'une adjudication publique, sous soumission cachetée, avec concurrence, etc.

Quand l'administration, par bienveillance ou par d'autres considérations, hésitait à déclarer la nullité du dit marché pour cause d'illégalité, on ne peut pas la défendre d'en prononcer la résolution pour cause de lésion énorme portée au détriment du Trésor Colonial.

Qui pourrait ignorer ce préjudice inqualifiable fait aux intérêts du pays, quand on peut établir qu'en vertu de ce marché, M. Gabriel Lafitte vend quelquefois aux contribuables pour prix de cent vingt-cinq francs, ce qui lui revient à cinq francs cinquante centimes ? — C'est un fait indéniable que nous avons signalé dans une de nos précédentes brochures.

L'opinion publique attend donc des pouvoirs [illegible] une solution de la question relative aux [illegible] d'imprimerie.

[illegible] le Conseil général actuel[illegible] s'agit de voter le budget de la Colonie et quand le besoin de faire des [illegible] pour nous, une imprimerie [illegible]

[illegible]

[illegible] en 1871 et en 1872 [illegible] copies de [illegible], et que après comme avant, le trésor a toujours payé à peu près la même somme pour les travaux d'im-primerie. Ce résultat s'obtient au moyen de certaines traces connues des gens du métier et dont nous avons déjà signalé quelque uns ; mais ensuite, est-ce que après sa transaction de 1872, le marché dont il s'agit doit rester éternellement pour toujours entre les mains de M. Gabriel Laborgne ?

Nous ne le pensons pas. Et nous croyons au contraire que le nouveau Conseil général, maître en cette question de toute sa liberté d'action, a le droit et le devoir de demander à l'administration que le marché soit mis en adjudication dans les termes voulus par la loi, la raison et l'intérêt de la Colonie.

Delenda Carthago !

LA SUITE

DU LEVER DU RIDEAU

au

GRAND CONCLAVE

Dans notre dernière brochure intitulée le lever du rideau au Grand Conclave, nous avons rendu compte de la première séance du conseil général, réuni pour la session ordinaire de 1877.

Nos lecteurs connaissent actuellement la composition du bureau, et nous leur avons présenté les nouveaux membres élus du suffrage universel récemment envoyés à la première assemblée du pays à l'époque du renouvellement par moitié, qui a eu lieu aux termes de la loi dans le courant du mois de mars dernier.

C'est ainsi que nous avons fait connaître rapidement et à grands traits les nouveaux conseillers élus dont nous rappelons ici les noms : pour Saint-Joseph, M. Bourgine ; pour Saint-Louis, M. Trollé ; pour Saint-Leu, M. Dupuoc ; pour Saint-Paul, MM. Lougnon et Philibert Troussail ; pour Saint-Denis, M. Camille Jacob de Cordemoy ; pour Saint-André, M. Albert de Laserve ; enfin pour Saint-Benoit M. Charles Dureau de Vaulcomte.

Tous ces nouveaux conseillers, à l'exception de MM. Laser... et Dureau sont appelés pour la

première fois à siéger dans la "première assemblée générale du pays : nous les avons présentés
aux lecteurs qui attendent désormais le moment de les voir à l'œuvre.

Nous nous proposons de donner dans une suite
de brochures jusqu'au les résumés de la session qui
commence. Nous rendrons compte aujourd'hui
de la seconde séance qui a eu lieu le 30 mai
dernier, le lendemain du jour où s'est tenue la
séance d'ouverture que nous avons appelée « la
Lever du Rideau. »

Avant d'entrer en matière, nous ne croyons
pas inutile de faire pour les anciens conseillers
ce que nous avons fait précédemment pour les
nouveaux c'est-à-dire que nous appelons nos
lecteurs à renouveler connaissance avec ces défenseurs déjà connus de la Patrie créole Notre travail se trouvera ainsi plus complet. Nous n'a-
vons certainement pas l'intention de faire la bio-
graphie particulière de chacun des membres du
conseil. Cela pourrait être plus ou moins intéressant ; mais ce serait trop long. une simple es-
quisse, un profil jeté à grands traits suffira pour
nous donner la physionomie de la première assemblée du pays.

Les conseillers dont il nous reste à parler, après ceux que nous avons nommés plus
haut, et qui ont déjà siégé depuis 1871 sont :
Pour Saint-Joseph, M. Emile Bellier ; pour St-

9

Pierre, MM. Félix Frappier, Théodore Thomas, Denis de Kerveguen et Potier ; pour Saint-Louis, M. Fortuné Mintord ; pour Saint-Paul, MM. Milbet et Gilles Chrétien ; pour Saint-Denis, MM. Drouhet, Adrien Bellier et Gabriel Lebègue ; pour Sainte-Suzanne, M. Reverat ; pour Saint-André M. Ernest Loupy, enfin pour Sainte-Rose, M. Pierre Bellier de Villentroy et M. Laurent de Petitbourg.

Quinze anciens, et neuf nouveaux, total vingt-quatre. Deux douzaines de lumières. C'est bien notre compte.

« A Jove principium : à tout seigneur tout honneur, commençons par M. Drouhet.

M. DROUHET.

— o —

L'Ile Bourbon n'a pas eu l'honneur de voir naître sous ses poétiques palmiers l'éminent homme d'état que le citoyen Milbet a expédié dernièrement en France aux frais de la commune de St-Paul en qualité d'ambassadeur extraordinaire, pour porter main-forte à mons Pallu de la Barrière, dans son double projet de port et de chemin de fer. Non, Bourbon n'est hélas ! que la patrie adoptive de cet éminent citoyen, M. Drouhet est né à la Rochelle, département de la Charente-Inférieurs. Notre île n'a pas eu la gloire de lui donner son lait, mais elle l'a reçu assez petit pour être obligée de payer ses frais d'éducation, d'instruction et d'entretien pendant son enfance et sa jeunesse, jusqu'à l'âge où M. Drouhet, mordant au budget en qualité de fonctionnaire, a passé par tous les grades de l'instruction publique, excepté celui de bachelier, pour arriver au titre d'inspecteur, toujours touchant de plus en plus des appointements qui ont suivi une progression ascendante. Aujourd'hui M. Drouhet est en retraite et reçoit 4500 francs pour ne rien faire. C'est plus que la retraite d'un général qui a versé son sang pour la patrie.

Depuis sa plus tendre enfance, jusqu'à l'âge mûr où il est parvenu, et il a près de soixante ans, M. Drouhet, en mettant de côté la courte période pendant laquelle il a dirigé l'école Joinville, a toujours trouvé le moyen de se faire loger, nourrir, éclairer, vêtir, voiturer, transporter, amuser, lui et sa famille, aux frais de cette bonne colonie qu'il n'a pas encore perdu l'espoir de servir, en obtenant une bonne position supérieure et lucrative. Ce que cet homme coûte à la Colonie est incalculable. Cela s'élève certainement à plus d'un million, si l'on compte les sommes qu'il a touchées directement pour lui-même, comprenant les frais d'éducation, instruction, appointements, indemnités, traitement ordinaire ou éventuel, frais de voyages et séjour en France, et si l'on ajoute à cela ce qu'il a touché indirectement par sa famille, et si l'on ajoute encore toutes les sommes que la Colonie a été obligée de payer pour frais de voyages des fonctionnaires du lycée inutilement provoqués par son fait, et pour frais des retraites exagérées qui par son fait encore ont été mises à la charge du trésor local.

Après ce que nous venons de dire, il est impossible de refuser à M. Drouhet une certaine aptitude pour le maniement des fonds publics. Il faut reconnaître aussi qu'il veut incontestablement le bien du pays, au moins pour lui et sa famille. M. Drouhet est le népotisme incarné : Inspecteur de l'instruction publique, il a fait son gendre proviseur, — Président du Conseil général, il a fait son fils secrétaire archiviste aux appointements annuels de quatre mille francs pour travailler environ vingt jours par an. Le Conseil général approuve cette dépense.

M. Drouhet n'a pas été toujours heureux dans ses combinaisons financières : L'histoire d'un certain « Billet Rayeur » qui a fait grand bruit dans le pays lui a coûté beaucoup d'ennuis. Oh ! le Billet Rayeur ! Le traitement éventuel des fonctionnaires du lycée ! Quelle scie patriotique n'a-t-on pas montée à ce malheureux homme en remuant sans cesse la boue de ces souvenirs désagréables. Tous les journaux de la Colonie ont parlé de cette affaire, pas une fois seulement ; mais cent fois, mais mille fois, nous n'y reviendron pas. Les tribunaux ont été saisis de la question par M. Droubet lui-même qui s'est prétendu diffamé et calomnié. Maladresse de sa part. Il y a eu jugement du Tribunal, arrêt de la cour d'appel. Décisions peu bienveillantes pour M. Droubet qui a porté l'affaire en cassation. La cour suprême a renvoyé devant la cour d'appel de St-Denis composée d'autres juges, l'affaire en est là depuis deux ou trois ans : « Adhuc sub judice lis est ; » on ne comprend pas pourquoi et comment cette question n'est pas encore vidée d'une façon définitive.

Cela n'empêche pas M. Droubet de montrer, dans la presse et dans les conseils, un toupet qui étonne et fait rêver ceux qui l'examinent de près. De l'audace, de l'audace, et toujours de l'audace, disait Danton : M. Droubet pense aussi que le toupet est la première qualité de l'homme d'état : c'est une ressemblance qu'il a avec Danton, quant aux différences il y en a plusieurs que nous pourrions signaler.

Nous avons parlé des malheurs de M. Droubet : en effet, il a eu dans son existence des hausses et des baisses. Pauvre boursier du Lycée, il est parvenu en peu d'années, proviseur, puis inspecteur de l'Instruction publique ; mais par un revers de fortune commune dans les choses d'ici-bas, à la suite d'une enquête administ-

trative sur des faits qui se sont passés au Lycée
sous mon administration de proviseur. M. Brouhet a été mis brutalement (l'expression est de
lui) à la retraite, et le Contre-amiral Duprè
gouverneur de la colonie a cru devoir accompa-
gner cette décision rigoureuse de cette note plus
déplaisante encore, insérée au Journal Officiel :
« par un reste d'égard pour d'anciens services. »

Après cette décision ainsi annotée tout le
monde croyait M. Brouhet perdu ; chacun pen-
sait que sa carrière était brisée pour toujours.
Et en effet un autre que lui se serait retiré dans
un coin pour planter des choux.

Un autre n'aurait pas eu la persistante énergie de cette nature irréductible, incoercible, in-
frangible et réellement née pour la lutte.

Un vieux professeur du Lycée qui n'aimait
pas M. Brouhet, faisait de lui ce portrait origi-
nal et plein de vérité : c'est dit-il le plus personnel, le plus autoritaire et le plus vindicatif des
hommes. Avec cela il ne manque jamais de crier
au mensonge et à la calomnie toutes les fois
qu'il est attaqué. Prenez-le à manger les fruits
mûrs du jardin, il s'essuie la bouche et soutient
qu'il est à jeun, enfin saisissez-le par les cheveux, plongez-le tout entier dans un tonneau
d'encre d'imprimerie, submergez-le dans le liquide gras, noir et visqueux, il en sortira blanc
comme neige.

M. Brouhet n'est pas sorti blanc comme neige, de toutes les accusation dirigées contre lui,

mais il a fait tête à l'orage et il continuera toujours à lutter jusqu'au dernier soupir.

C'est à partir du jour où on le croyait mort
que M. Drouhet est ressuscité plus brillant que
jamais. Après avoir été mis brutalement à la retraite comme nous l'avons dit plus haut, après
avoir vu condamner par les tribunaux l'économe
du Lycée qui était sous ses ordres et sa surveil-
lance, et qui par conséquent engageait au moins
moralement sa responsabilité, M. Drouhet a
fondé un journal, deux journaux même, et il
s'est fait nommer conseiller général, et il est
parvenu à devenir Président de la première assemblée du pays, appelé cinq ou six fois de suite
à l'honneur du fauteuil par une majorité qu'il
avait fanatisée, qui ne voyait que par lui, dont il
était la tête et les bras, et par laquelle il avait été
élevé à la hauteur d'un principe, car il n'y avait
plus dans le conseil le parti des républicains et
celui de conservateurs, il y avait les Drouhetistes,
et les anti-Drouhetistes. L'intérêt du pays s'effa-
çait devant l'intérêt d'une individualité bruyante
qui absorbait tous les regards.

Voilà ce qu'était devenu M. Drouhet après
avoir perdu sa place d'Inspecteur de l'instruction
publique.

Quand on lance un chat par la fenêtre d'un troi-
sième étage, l'animal s'agite un moment dans l'espace et tombe ensuite sur ses quatre pattes pour
se relever et reprendre une course effrénée jusque
sur les toits. Il est certain que dans sa chute, M.

L'ex-inspecteur de l'instruction publique est retombé sur ses pattes pour reprendre une course qui a étonné tout le monde.

Le docteur Jacob de Cordemoy, dans une description qu'il donne des différents végétaux de la Colonie, fait du filao une peinture aussi spirituelle que malicieuse. C'est un arbre qui n'est point aimable, ses cheveux rudes agités par le vent lui font rendre des sons braillards sinistres et désagréables. Il absorbe tout autour de lui et ne souffre aucune végétation sous son ombrage : Les seuls végétaux qu'il consent à abriter sont ceux qui produisent le vacoua, arbres de sac et de cordes. Enfin coupé à sa base, le filao repousse en produisant des rejetons plus vigoureux quelque fois que l'ancien tronc même. — S'il faut en croire la rumeur publique, le savant et spirituel Docteur de Saint-Benoit aurait visé dans cette description l'ex-inspecteur de l'instruction publique et ses amis. Cela ne serait pas gracieux pour M. Drouhet, et ce serait encore plus désobligeant pour ses amis.

A-t-il des amis ? On dit que non. Il est très bon père de famille, et vit dit-on, comme un spartiate dans sa maison ; mais d'amis peu ou point. Son entourage politique se compose d'une foule de gens qu'on peut diviser en deux catégories, une qu'il flatte, et ceux par qui il est flatté. Tout cela dans le but évident de faire ses affaires personnelles, en mettant la main sur une bonne position lucrative. Tout le secret de la comédie est là

Ne parlons pas de foi politique ou religieuse; ne parlons pas de patriotisme et de dévouement à tel cause quelconque ! Tous ces mots que l'humanitaire reproduisent des abstractions imaginatives inventés pour amuser les contemplatifs. M. Droubet n'est pas un contemplatif, loin de là, c'est au contraire un spéculateur très positif.

On se demande, non sans étonnement comment avec cette énergie excessive, cette volonté de fer, cette persévérance inouïe, servie par tous les moyens imaginables, M. Droubet n'est pas arrivé au but qu'il se propose : celui d'obtenir une position sociale élevée où il trouverait en même temps le pouvoir, les honneurs et l'argent ?

La réponse est facile. C'est que M. Droubet est loin d'avoir le talent et l'intelligence supérieure que lui accordent certaines personnes. C'est un travailleur infatigable, c'est vrai ; mais il a le travail lent et difficile, et ne s'approprie pas toujours convenablement toutes les questions qu'il étudie pour les besoins du moment. C'est une intelligence tout à fait ordinaire sujette aux plus grandes maladresses. Il a trouvé le moyen de se brouiller avec tous les amis qui pouvaient le soutenir. Nos representants lui ont tourné le dos, son dernier voyage à Versailles a eu pour résultat de lui aliéner les St-Pierrois, sans compter les autres conséquences que son absence aura pour lui à St-Denis et ailleurs.

Comme écrivain M. Droubet est sans valeur

comme orateur, il est plus nul encore. Son style est diffus, filandreux, raboteux. Sa voix est criarde et vous écorche littéralement les oreilles ; c'est pour cela que d'après une expression dont le vieux poète Ennius se sert pour peindre le bruit strident de la trompette guerrière, nous l'avons appelé Tarratentara : Le geste est à contresens, et les arguments sont ordinairement de la force des gants à 29 sous qu'on crève en les mettant.

Et maintenant qu'elle confiance peut-on avoir dans un orateur, un écrivain, un homme politique dont les variations sont innombrables en toute nature, religion, politique, économie ? — M. Drouhet a passé par toutes les couleurs et par toutes les nuances. Il est aujourd'hui républicain très-radical et très-avancé, c'est lui qui le dit : Sous Louis Philippe il a crié vive le Roi, sous le gouvernement de 1848 il a vociféré : Vive la République, et quand l'Empire est venu après le coup d'état du 2 Décembre, M. Drouhet n'a pas eu assez d'enthousiasme et de mouvements d'admiration pour faire les louanges de Napoléon III, qu'il a fait traîner dans la boue après le désastre de Sedan.

Dira-on pour cela que M. Drouhet est une girouette ? Non, c'est l'emblème de la faiblesse et M. Drouhet n'est pas encore faible. C'est plutôt un pilote qui veut à toute force atteindre une île éloignée et qui oriente sa voile pour profiter du vent de quelque part qu'il souffle. Et bien quand il s'agit de la politique orageuse, on n'a pas à suivre les bateliers de cette nature là. Voilà ce qui explique l'insuccès définitif de M. Drouhet.

Somme toute, il a joué le grand rôle dans la représentation coloniale depuis 1871. Il a été le chef de la majorité qui s'était personnifiée en lui, pourquoi cela ? — C'est que dans le royaume des aveugles les borgnes sont rois. Aujourd'hui cette majorité n'existe plus, après le renouvellement de la moitié du Conseil général, M. Drouhet n'est plus et ne sera plus son Président nécessaire. Ce n'est pas dommage.

*

M. ADRIEN BELLIER,

Salut et gloire au grand tambour major de la démocratie coloniale ; Physiquement parlant M. Adrien Bellier dépasse de toute la hauteur de la tête, tous ses collègues du Conseil général. Nous ne voulons parler qu'avec respect de ce survivant des patriotes défenseurs des libertés coloniales ; mais ce n'est point manquer à la déférence qui lui est due que de venir lui dire franchement et librement la vérité.

M. Adrien Bellier après avoir vingt fois été appelé à représenter son pays soit comme conseiller colonial, soit comme délégué de la colonie soit même comme député sous le gouvernement répu-

blicain de 1848, quand le coup d'état du 2 décembre l'a empêché d'aller siéger, selon sa poéti-
que expression au sein du grand conclave de la
nation française; M. Adrien Bellier après avoir
milité dans la presse pour défendre les libertés coloniales, ne dédaignant pas même d'apporter sa
collaboration courageuse aux journaux clandes-
tins qui ont paru dans le pays depuis le Salazien
jusqu'au cri d'alarme; M. Adrien Bellier, après
avoir fourni cette carrière complète, et suffisante
pour lui mériter l'estime et la reconnaissance de
ses compatriotes, a été élu membre du conseil général en 1871, quand, pour la première fois
la colonie a été appelée à jouir de l'institution
du suffrage universel.

À la première séance ses collègues l'ont élu pré
sident malgré lui : il a refusé, en disant qu'il n'é-
tait pas capable de remplir ces fonctions. Dès ce
moment M. Adrien Bellier était, de son propre
aveu, un soleil couchant. Après avoir siégé pendant quelque temps, sans faire preuve de beaucoup d'assiduité, il a donné sa démission, allé-
guant son grand âge et ses nombreuses préoccu-
pations dans l'administration de ses domaines ;
mais quelque temps après, obéissant aux sugges-
tions d'une aveugle amitié, il s'est fait nommer
conseiller général sans crainte de se voir
reprocher l'illogisme de sa conduite. C'est alors
que tout en rendant hommage à l'élévation de son
caractère et aux qualités de son grand cœur, nous

nous sommes permis de dire que c'était un soleil couché.

Aujourd'hui M. Adrien Bellier ne joue plus qu'un rôle effacé dans le Conseil, il ne parle pas. Il n'a jamais été orateur. Il aurait pu l'être, s'il s'était, comme Démosthènes, exercé à pérorer au bord de la mer avec des cailloux dans la bouche. Il pourrait écrire encore, il s'abstient ; cependant ce n'est point sans étonnement que l'on voit quelquefois paraître, éclose sous la plume de ce vieillard, des pages brulantes qu'on croirait l'œuvre d'un rhétoricien imberbe ivre encore d'illusions, d'enthousiasme et de poésie.

M. Adrien Bellier croit être républicain. Tout chez lui décèle les habitudes de la plus pure aristocratie. Il est républicain d'imagination et de souvenirs. C'est la république qu'on admire au collège, où on se passionne pour les beaux temps d'Athènes et de Rome. M. Adrien Bellier est resté collégien. Il vit et vivra jusqu'à son dernier soupir dans la société de Démosthènes, Périclès, Caton l'ancien et Cicéron : Le contact de Raoul Rigault lui ferait horreur ; cependant il se prétend radical. C'est que cet excellent vieillard est surtout naïf, et devient très-facilement la dupe de ceux qui s'adressent aux qualités généreuses de son âme. Que de largesses, que de secours il a prodigués à des gens qui n'en étaient pas dignes.

Qu'on nous permette ici une anecdote pour compléter notre tableau : M. Adrien Bellier couchait dans son établissement avec quelques amis, quand il voit arriver un pauvre homme courbé sous le poids des années, malade, presque infirme, se traînant à peine : Ce vieillard n'avait pas mangé depuis plusieurs jours, il demandait du riz.

Ah ! vous n'avez pas de riz, s'écrie M. Adrien Bellier, c'est bien cela, moi aussi je vais peut-être en manquer un jour, malgré ma grande fortune territoriale ; la faute en est au gouvernement qui ne fait pas une bonne loi sur le travail, et qui ne surveille pas le fonctionnement de ces maisons de crédit dont le seul progrès ne sert qu'à fournir le moyen aux agioteurs commerçants d'accaparer le riz et les denrées de première nécessité, et cela en dépit des prescriptions formelles du code pénal. Mais pour vous, mon bonhomme, vous avez faim et je vais venir à votre secours :

— Gaetan ! (c'est le nom du régisseur chargé des clés du magasin) Gaetan, donnez du riz à ce brave homme.

— Quelle quantité M. Adrien Bellier ?

— Hé ! mon Dieu ce qu'il pourra porter.

— Bien, M. Adrien Bellier.

Quelques instants après, le mendiant cacochyme s'en retournait chez lui portant sur la tête une balle de riz de 75 kilogrammes. A cette vue M. Adrien Bellier s'écrie : Gaetan ! Gaetan !! mais que faites vous donc ? Vous donnez une balle de riz à ce bonhomme ? — Mais oui, M. Bellier, répondit l'employé, vous aviez donné l'ordre de lui livrer ce qu'il pourrait porter, et il a déclaré qu'il était capable de porter une balle entière. — C'est bien répartit M. Adrien Bellier, « mais je ne le croyais pas si fort » !

Nous retenons ces derniers mots : M. Adrien Bellier après avoir soutenu de sa bourse et de son influence bien des individus qui ne méritaient pas sa protection a dû avoir à dire bien souvent « mais je ne les croyais pas si forts. »

***

M. G. LAHUPPE.

Portez armes ! présentez armes ! guide à droite ! à gauche conversion. Messieurs et Mesdames, je vous présente l'Archange Gabriel, lequel est ainsi nommé à cause du nom que ses parrain et marraine lui ont donné sur les fonds baptismaux, et à cause aussi du grand sabre flamboyant qu'il porte, comme le messager du Seigneur, en sa qualité de commandant des milices de Saint-Denis.

M. Gabriel Lahuppe a été aussi appelé l'Enfant par M. Baron de Keating, et c'est probablement à cause de l'innocence candide avec laquelle il examine toutes les questions qui lui sont soumises, soit comme conseiller général, soit comme Editeur responsable de son journal le « Moniteur. »

Franchement M. Gabriel Lahuppe est une erreur du suffrage universel. On ne se serait jamais attendu à trouver dans sa grosse et vaste corpulence l'étoffe d'un homme politique, déjà il avait tenté plusieurs fois de se faire nommer conseiller général. Il avait été deux fois faire la chasse des électeurs à Saint-Pierre. Il était revenu bredouille.

Mais à l'époque du renouvellement de la deuxième moitié du conseil général, M. Drouh et qui n'était pas sûr de son affaire, a cru devoir faire une combinaison magnifique pour se faire réélire. Il a combiné une liste dans laquelle il se met entre M. Adrien Bellier coté moral, et M. Gabriel Lahuppe coté matériel. La liste a passé; mais ce qu'il y a d'étonnant, c'est que le comparse de la troupe a été élu le premier. Pourquoi ? Ici nous devons faire connaître un truc très usité au Moniteur. Dans les dernières élections de Saint-Paul, il a été établi que conformément aux conventions électorales le Moniteur avait émis des bulletins à cinq noms quand il n'y avait que quatre candidats à élire; dans les élections de Saint-Denis où M. Gabriel Lahuppe à triomphé, il se trouve qu'il y a eu une centaine d'électeurs qui ont voté avec des bulletins portant le nom de Gabriel Lahuppe seul. Nous ne croyons pas que ces bulletins aient été déposés dans l'urne par les ouvriers et domestiques de M. Lahuppe ni pa les agents subalternes des eaux et forêts, placés sous les ordres du beau-père de M. Gabriel Lahuppe. Ce ne serait pas de la probité électorale. D'ailleurs M. Lahuppe a déclaré dans le Moniteur, dont il est éditeur et imprimeur responsable, dont il surveille tous les travaux, qui ne s'exécutent que sous ses ordres, dont il corrige toutes les épreuves, le pressier n'ayant le droit de ne rien imprimer que sur son laisser passer, M. Lahuppe, disons-nous, a déclaré que les bulletins imprimés dans son établissement, déposés à la direction de l'Intérieur, n'avaient pas été soumis à son contrôle. C'est un peu fort ; mais nous devons le croire, car M. Lahuppe est surtout un honnête homme en matière électorale.

Or se demande la raison pour laquelle M. Lahuppe est affublé du mandat de conseiller général ? — Réponse difficile. Nous aimons bien à croire que si le Conseil vient à s'occuper du marché de gré à gré, consenti au profit de l'Éditeur du Moniteur pour les travaux de typographie et de réglures nécessaires aux services du gouvernement, M. Lahuppe aura le bon esprit de s'abstenir de voter dans une question où son intérêt personnel est ainsi engagé. Alors, quoi ? — Nous nous demandons toujours pourquoi M. Lahuppe est au Conseil général ?

M. Lahuppe est un gros enfant gâté par les femmes de la fortune. Quand il était tout petit son papa a dû lui donner beaucoup de joujoux et le gorger de bombons et de confitures. C'est ce qui explique son ampleur physique et la vaste capacité de son système abdominal. Devenu grand le jeune Gabriel a voulu avoir un grand sabre pour jouer au soldat, et on l'a fait commandant des milices : ensuite il a voulu avoir un fauteuil pour jouer au diplomate et à l'homme d'état, et le voilà membre de la première assemblée du pays. On dit maintenant qu'après avoir mordu au gâteau des dignités et des grandeurs humaines, l'appétit lui étant venu en mangeant, M. Gabriel ne serait pas fâché d'être fait chevalier de la légion d'honneur, pour attacher à sa boutonnière, ce petit morceau de ruban rouge, complément indispensable de la toilette de tous les hommes de mérite. En effet cela fait très bien, et M. Lahuppe peut bien être armé chevalier pour services passés ou futurs rendus à la patrie créole dans les corps belliqueux des milices de Saint Denis. Après quoi, il ne restera plus qu'à le nommer conseiller privé, ce sera le couronnement de l'édifice, et quand il sera orné de cette nouvelle dignité, il ne sera pas difficile de dire de quoi ce conseiller sera privé.

Terminons ce profil en disant que, pour le moment, M. Lahuppe est républicain radical et quelque peu libre penseur. C'était, avant la République actuelle, un conservateur et un assez bon paroissien bien pensant, mais depuis les événements du 4 septembre on l'a vu dans un club du buter en train de manger du prêtre. C'était probablement pour remplir un devoir in-

dustriel, car l'Editeur du Moniteur, concession-
naire du marché du marché du gouvernement,
doit de toute nécessité, soutenir quand même le
gouvernement du moment. C'est juste, il ne faudra donc pas s'étonner, si un de ces jours, on
voit le fougeux Lahuppe crier : vive le Roi, ou
vive l'Empereur, et son frère Thomy, le grand
homme, sera bien obligé de faire comme lui. Ce
serait drôle.

Mais il faut de la prudence et de l'adresse en
tout. M. Lahuppe a manqué de prudence et d'a-
dresse en laissant son frère Thomy attaquer sans
rime ni raison des gens qui ne lui avaient rien dit
et en faisant éreinter M. Drouhet pendant que
celui-ci se trouve absent de la colonie. Il pourrait
bien lui en cuire.

Terminons par un petit conseil, qui ne sera
pas suivi, mais que nous croyons devoir donner en conscience. Ces messieurs du Moniteur
ont pris depuis, quelque temps, un ton beaucoup
trop tranchant, quoique républicains, pour le moment, ils ont l'air de dédaigner le populaire et
ne répondent au salut des gens que par un petit bonjour de protection. C'est désobligeant. Le
mérite et la naissance ne sont pas incompatibles
avec la modestie et le savoir vivre. Le mérite! On
peut s'abuser quelquefois sur celui qu'on croit
avoir. La naissance! il ne faut pas oublier que la
plupart de nos familles créoles doivent aller chercher leurs titres de noblesse dans le grand liv-
d'or de Madagascar.

❉

L'espace nous manque, et voulant faire le compte rendu de la seconde séance du Conseil général, nous sommes obligés de renvoyer à une prochaine publication les caractères et profils des conseillers dont nous n'avons pas encore parlé.

●

SECONDE SÉANCE. 30 MAI.

La séance s'ouvre par l'appel nominal ; tous les membres du conseil sont présents, à l'exception de M. Drouhet qui est en cours de voyage, comme nous l'avons expliqué précédemment. Cet absence donne lieu à un incident. C'est le Père Rigolo qui demande la parole. L'honorable représentant de St Pierre ne peut pas admettre qu'il soit loisible à un citoyen chargé de représenter le pays au conseil, d'aller se promener en France pendant le temps des sessions. Le Père Rigolo pense avec raison que M. Drouhet devrait-être considéré comme démissionnaire, et quand il reviendra, si bon lui semble, il se représentera au suffrage de ses électeurs.

Donner sa démission ! Pas si bête ! Je ne le conseillerais pas à l'Eminent auteur du monument bleu. Il pourrait bien éprouver un échec. Nous venons de voir, dans les dernières élections de St-Denis, ce que signifie cette puissance électorale du Nouveau Salazien et de ses adhérents. M. Droubet ne donnera pas sa démission, et bien il fera. Le Conseil, sur l'avis de MM. Adrien Bellier et Fortuné Naturel, accorde à M. Droubet un congé pour la session.

Que M. Droubet ait été défendu par M. Adrien Bellier, c'est tout naturel, mais ce que l'on comprend beaucoup moins c'est qu'il ait été défendu par M. Naturel, et ce que l'on ne comprend pas du tout c'est qu'il n'ait pas été défendu par les St-Paulois, et surtout par MM. Milhet et Gilles Crestien, qui l'ont envoyé en France en qualité d'ambassadeur extraordinaire, pour défendre les projets de port et de chemin de fer de Mons Pallu de la Barrière. Comment M. Milhet, n'avez vous pas défendu votre camarade en expliquant au conseil général la belle opération que vous avez inspirée à votre commune ? — Et vous M. Gilles Crestien comment se fait-il que vous n'ayez pas prêté à M. Droubet l'appui de votre vive éloquence ? — Comment, vous le faites défendre par M. Naturel qui est son adversaire ordinaire et vous restez muets comme des bûches quand il avait le droit de compter sur votre dévouement ! C'est incompréhensible. Du reste MM. Naturel et Adrien Bellier ont parfaitement eu raison de dire et de faire admettre par le Conseil qu'il ne fallait pas prendre contre M. Droubet une mesure qui n'avait pas été appliquée dans d'autres circonstances à plusieurs conseillers qui se sont trouvés dans le même cas que lui. Il faut de la justice pour tout le monde : Le conseil ne doit pas avoir deux poids et deux mesures. Enfoncé, le Père Rigolo !

Après l'incident dont nous venons de parler, le Président du conseil dépouille un dossier contenant une grande quantité de lettres plus ou moins intéressantes. Ce sont des demandes de secours, pensions, bourses etc... Tout cela est renvoyé à la commission du budget.

Voici une lettre de M. Azéma ex-conseiller général, qui vient exprimer à ses anciens collègues le regret qu'il éprouve d'avoir eu le plaisir de les quitter, en acceptant ses nouvelles fonctions de conseiller privé.

Autre lettre de la maison Nicole et Cie demandant la suppression de l'impôt frappé sur les allumettes. M. Josse est orfèvre, et M. le Directeur de l'intérieur fait observer que l'impôt sur les allumettes et le papier à cigarettes a déjà produit trente-huit mille francs en six mois. C'est donc une ressource dont il ne convient pas de priver le Trésor — Renvoyé à la commission du budget.

Est renvoyée à la commission de constitution une pétition des habitants de l'Entre-Deux demandant l'érection de leur localité en commune

Passons rapidement sur une lettre du Président de la société Sténographique demandant la permission pour les étudiants en sténographie venir s'exercer en reproduisant les discussions du conseil. Singulière demande, quand la loi déclare que les séances sont publiques ! — Ces messieurs ont peut être voulu dire qu'ils voulaient avoir des tables pour écrire à leur aise. On leur en donnera, et on en donnera aussi aux rédacteurs des journaux, quand aux autres personnes, lors même qu'il se trouverait parmi elles quelque malheureux publiciste bien connu du conseil, elles sont priées de rester sous la varangues et de prendre leurs notes comme elles pourront.

Après l'incident des sténographes, le conseil passe au tirage au sort des membres du jury d'expropriation. Cette opération terminée, la séance est suspendue pendant trois quarts d'heure.

A la reprise qui a eu lieu à 5 heures moins le quart il est procédé à la lecture de plusieurs propositions que nous devons faire connaître pour donner aux lecteurs un avant goût des discussions qui se préparent.

C'est M. Trollé qui a la pose. — Pourquoi M. Trollé ne fait-il pas partie de la commission du budget, ou de la commission de constitution ? — Sa place était naturellement marquée dans l'une et l'autre de ces deux commissions ; mais à ses collègues qui lui proposaient de l'élire membre de ces commissions, M. Trollé a répondu : qui se chargera de mes malades pendant que je serai re_ tenu à St-Denis ?

Permettez ! Docteur, d'abord pensez-vous que vos malades auraient réellement beaucoup à se plaindre si vous leur accordiez un léger répit pendant lequel vous pourriez vous occuper du mandat, que vous avez sollicité, de défendre les intérêts de vos concitoyens ? Peut-être que non.

Quoiqu'il en soit M. Trollé qui n'a voulu faire partie d'aucune commission, n'a pas voulu laisser le conseil s'ajourner sans déposer une série de propositions qui ont été mises à l'ordre du jour. Elles sont au nombre de quatre avec des considérants et des numéros particuliers.

1ère proposition — M. Trollé demande pour les conseillers généraux des quartiers dont il fait partie une indemnité de 50 c. par kilomètre pour frais de voyage, plus une indemnité de 10 francs par jour pour frais de séjour, plus des jetons de présence de cinq francs pour chaque séance, à deux séances par jour, soit 20 francs par jour, plus les frais de voyages.

2e Proposition — M. Trollé propose de décider qu'à partir de l'ouverture de la session, il y ait deux séances par jour sans excepter les dimanches. Le conseiller qui manquera à l'appel sera condamné à 25 fr. d'amende.

3e Proposition — M. Trollé propose de supprimer la côte personnelle.

4e Proposition — Enfin, M. Trollé propose de frapper la fortune nette de chaque citoyen d'une contribution de cinq pour mille.

Toutes ces propositions sont accompagnées

de concidérants plus ou moins acceptables et qui ne paraissent pas être tout à fait du goût de beaucoup de conseillers. Le grand sergent de Sainte-Rose s'adressant au Père Rigolo pendant que M. Trollé donne lecture de ces propositions lui dit : « Eh bien , Père, en voila un plus fort que vous. »

Permettez , répond le Père Rigolo. Et en effet à peine M. Trollé a-t-il terminé sa lecture, que le Père Rigolo demande la parole pour lire à son tour cinq propositions. Comme on le voit ce fut de plus fort en plus fort, comme chez Nicolet.

Les propositions du Père Rigolo déjà présentées dans les sessions précédentes peuvent se résumer ainsi:

1o Liberté des Réunions publiques, à la condition d'avertir le maire 8 jours à l'avance.

2o Nomination des juges de paix par les électeurs.

3o Inéligibilité de tous les citoyens touchant une solde, où des frais de représentation

4 Décentralisation des communes. Les maires, adjoints et tous les employés municipaux nommés pas les électeurs, ou au moins par le conseil de commune.

5o Demande à l'administration de faire dresser le bilan de la fortune de chaque particulier.

Et tout cela est mis à l'ordre du jour ! On voit que la session ne manquera pas d'un certain intérêt. Il y en aura pour les fous et les sages.

V. C.